ANALYSE

DES ARTICLES

DE LA LOI DU 24 AVRIL 1810

RÉGLANT LES REDEVANCES DES MINES

ET LE DROIT DE SURVEILLANCE DE L'ÉTAT SUR L'EXPLOITATION

PARIS

IMPRIMERIE DE GUSTAVE GRATIOT

30, RUE MAZARINE

—

1853

ANALYSE

DES ARTICLES

DE LA LOI DU 21 AVRIL 1810

RÉGLANT LES REDEVANCES DES MINES

ET LE DROIT DE SURVEILLANCE DE L'ÉTAT SUR L'EXPLOITATION

PARIS

IMPRIMERIE DE GUSTAVE GRATIOT

30, RUE MAZARINE

1853

ANALYSE

DE LA LOI DU 21 AVRIL 1810

OBSERVATION PRÉLIMINAIRE.

Avant de démontrer combien l'administration des mines s'est progressivement écartée du véritable esprit de notre législation, il importe de faire connaître la théorie générale de la loi du 21 avril 1810, qui est la loi fondamentale.

Il faut, pour cela, se reporter aux discussions qui ont eu lieu au conseil d'État avant l'adoption de cette loi, et qui établissent d'après quels principes et sur quelles bases elle a été rédigée.

§ 1.

Esprit général de la loi du 21 avril 1810.

Le projet primitif de cette loi a été sept fois remanié sous l'inspiration de Napoléon, qui cherchait à arriver au système le plus libéral et le plus favorable au libre développement de l'exploitation des mines.

Dans la séance du conseil d'État du 22 mars 1806 (V. Locré, *Comm.*II,n°1), le comte Regnauld de Saint-Jean-d'Angély ayant donné lecture du projet de loi sur les mines présenté le 1er février 1806, Napoléon fit renvoyer le projet à la section pour le revoir et présenter une rédaction nouvelle conforme aux principes suivants :

« Napoléon dit que quoique les mines soient, comme les autres biens, susceptibles de tous les droits que donne la propriété, ce ne sont cependant pas des propriétés de même nature que la surface du sol et les produits qui en naissent. Ces sortes de propriétés doivent être régies par des lois particulières, et ceux-là seuls peuvent s'en prétendre propriétaires à qui la loi défère cette qualité.

« Mais au delà, la propriété des mines *doit rentrer immédiatement sous le droit commun;* il faut qu'on puisse les vendre, les donner, les hypothéquer d'après les mêmes règles qu'on aliène ou qu'on engage une ferme, une maison, en un mot un immeuble quelconque ; *il faut aussi que les contestations qui s'élèvent à ce sujet soient renvoyées devant les tribunaux.* »

Dans la séance du 18 novembre 1809, lors de la cinquième rédaction du projet de loi, Napoléon dit encore (V. Locré, *Comm.* XXI, n° 6) :

« Il y a un très-grand intérêt à imprimer aux mines le cachet de la propriété ; si l'on n'en jouissait que par concession, et donnant à ce mot son acception ordinaire, il ne faudrait que rapporter le décret qui concède pour dépouiller ses exploitants, au lieu que si ce sont des propriétés, *elles deviennent inviolables.*

Napoléon lui-même, avec les nombreuses armées qui sont à sa disposition, ne pourrait néanmoins s'emparer d'un champ, car violer le principe de propriété dans un seul, c'est le violer dans tous. Le secret ici est donc de faire *des mines de véritables propriétés*, et de les rendre par là sacrées *dans le droit et dans le fait*.

« On doit regarder les mines comme des choses qui ne sont pas encore nées, qui n'existent qu'au moment où elles sont purgées de la propriété de la surface, et qui, à ce moment même, deviennent des propriétés par l'effet de la concession. *De ce moment aussi elles se confondent avec les autres propriétés.* »

Plus loin, défendant la plénitude du droit des propriétaires, Napoléon ajoute :

« Qu'est-ce que le droit de propriété? C'est non-seulement le droit d'user, mais encore le droit d'abuser.

« Si donc le gouvernement oblige d'exploiter ou fixe la manière dont chacun exploitera, il n'y a plus de propriété. En France on est fidèle à ces principes. A la vérité on a des règlements sur les bois et sur les eaux; mais ce ne sont que des règlements de police. »

Dans la séance du 18 janvier 1810, Napoléon s'explique de nouveau sur la théorie générale de la loi :

« On doit toujours, dit-il, avoir présent à l'esprit l'avantage de la propriété; ce qui défend le mieux le droit du propriétaire, c'est l'intérêt individuel; on peut s'en rapporter à son activité. Ainsi on peut *faire quelques règlements qui donnent un droit de surveillance à l'autorité* publique, mais on ne doit pas en faire qui *s'opposent directement à ce que demandent les propriétaires....* »

« La loi sur les mines doit avoir pour objet de *favoriser les exploitants*. S'ils réclament universellement, il vaut mieux rester dans l'état où nous sommes [1], car l'intention du chef du gouvernement *est de favoriser les mines* et *non de gêner leurs travaux.* »

Napoléon ajoute encore :

« Que la législation doit toujours *être en faveur du propriétaire;* il faut qu'il ait du bénéfice dans ses exploitations, parce que sans cela il abandonne ses entreprises : *il faut lui laisser une grande liberté, parce que tout ce qui gêne l'usage de la propriété déplaît aux citoyens.* »

Enfin Napoléon répète :

« Qu'il veut rassurer les propriétaires des mines, et que c'est dans cette circonstance qu'il a voulu qu'on fît une rédaction qui déclarât bien que la mine est une propriété d'une nature particulière. Cette définition, en apparence, n'était pas utile, mais au fond elle avait pour but d'exprimer qu'on ne peut jamais considérer le mineur comme un simple cessionnaire qu'un simple décret dépouille : bien au contraire comme un particulier qui ne perd sa propriété que comme le propriétaire d'un champ, d'une maison perd la sienne. Voilà pourquoi Napoléon n'aime pas qu'on multiplie les causes de déchéance, et surtout qu'on ne permette au mineur de jouir de son exploitation *que sous la surveillance* et avec l'agrément des ingénieurs. »

Ces explications sont ensuite renvoyées à la section. (V. Locré, *Comm.* XXIII, n°ˢ 3, 5 et 5.)

---

[1] Ceci a trait à différentes réclamations que les exploitants des mines de charbon de terre, dans le département de Jemmapes, avaient élevées contre certaines dispositions du projet de loi alors en discussion.

D'un autre côté, on lit encore dans l'exposé des motifs fait par M. le comte Regnauld de Saint-Jean-d'Angély, dans la séance du corps législatif du 13 avril 1810, « que si les mines ne sont pas une propriété ordinaire, il faut cependant, pour qu'elles soient bien exploitées, pour qu'elles soient l'objet assidu du soin de celui qui les occupe, pour qu'il multiplie les moyens d'extraction, pour qu'il ne sacrifie pas à l'intérêt du présent le soin de l'avenir, l'avantage de la société à des spéculations personnelles, que les mines cessent d'être des propriétés précaires, incertaines, non définies, changeant de mains au gré d'une législation équivoque, *d'une administration abusive, d'une police arbitraire*, de l'inquiétude habituelle de leurs possesseurs. Il faut en faire des propriétés auxquelles toutes les définitions du Code civil puissent s'appliquer. » (V. Locré, *Comm.* XXIX, n° 10.)

Plus loin, M. Regnauld dit encore :

« Concédées par un acte délibéré au conseil d'État, les mines seront des propriétés nouvelles associées à toute l'inviolabilité, à toute la sainteté des anciennes. » (Locré, *eod. loc.*, n° 12.)

Ainsi donc l'idée générale, la base de la loi de 1810 est celle-ci :

La propriété des mines sera aussi sacrée, aussi inviolable que toute autre. — Les concessionnaires seront traités *avec la plus grande faveur, jouiront d'une grande liberté* et participeront, comme tous les autres propriétaires, *au bénéfice du droit commun.*

Il suit de là que les mesures spéciales que la loi de 1810 a pu prendre à l'égard du libre exercice de la propriété des

mines doivent s'entendre, comme toutes les dispositions restrictives, comme toutes les dérogations au droit commun, dans
leur sens le plus libéral et le plus étroit, et que, s'il y avait du
doute sur la signification ou la portée de ces dispositions
exceptionnelles, il faudrait toujours décider dans le sens favorable à la libre propriété.

Il suit de là également que toute mesure par laquelle
l'administration aurait apporté ou apporterait, sous un prétexte ou sous un autre, une entrave ou une restriction au
plein et entier usage de la propriété des concessionnaires de
mines, serait un pas fait dans une voie contraire aux véritables
principes et à l'intention hautement manifestée du législateur
de 1810.

Ceci posé, nous allons établir que l'administration, eu égard
surtout à cet esprit général de la loi que nous venons d'indi-
quer, interprète et applique d'une manière tout à fait abusive,
ou plutôt qu'elle viole ouvertement les dispositions de cette
loi, spécialement sur les deux points suivants :

1° En ce qui concerne la manière de calculer la redevance
proportionnelle créée par les articles 33 et suivants de la loi;

2° En ce qui concerne l'exercice du droit de surveillance
qui appartient à l'État sur l'exploitation des mines. (Art. 47, 48,
49 et 50 de la loi.)

Il nous suffira pour cela de rapprocher les actes administra-
tifs dont se plaignent les exploitants, du texte même de la loi
de 1810, éclairé et interprété par les discussions qui ont précédé son adoption au conseil d'État.

§ II.

TITRE IV DE LA LOI, SECTION II.

Des obligations des propriétaires de mines.

—

REDEVANCES.

Au nombre des obligations des concessionnaires de mines se trouve celle de payer à l'État « une redevance fixe et une redevance proportionnelle au produit de l'extraction. » Art. 33 de la loi de 1810. « La redevance fixe sera annuelle, et réglée d'après l'étendue de celle-ci. Elle sera de 10 fr. par kilomètre carré.

« La redevance proportionnelle est une contribution annuelle à laquelle les mines sont assujetties sur leurs produits. » (Art. 34.)

« La redevance proportionnelle sera réglée chaque année par le budget de l'État, comme les autres contributions publiques. Toutefois elle ne pourra jamais s'élever au-dessus de 5 pour 100 *du produit net*. Il pourra être fait un abonnement pour ceux des propriétaires des mines qui le demanderont. » (Art. 35.)

« Le dégrèvement de la redevance proportionnelle sera de droit quand l'exploitant justifiera que sa redevance excède 5 pour 100 du produit net de son exploitation. » (Art. 37.)

L'article 38 de la loi autorise ensuite le gouvernement à faire remise, en tout ou en partie, du payement de la redevance proportionnelle, soit à titre d'encouragement en raison de la difficulté des travaux, soit comme dédommagement, en cas d'accident de force majeure survenu pendant l'exploitation.

Enfin, l'article 39 ajoute que :

« Le produit de la redevance fixe et de la redevance proportionnelle formera un fonds spécial dont il sera tenu un compte particulier au trésor public, et qui sera appliqué aux dépenses de l'administration des mines et à celles des recherches, ouvertures et mises en activité des mines nouvelles, ou au rétablissement des mines anciennes. »

Tel est l'ensemble des dispositions de la loi en ce qui concerne l'établissement et la perception de la redevance proportionnelle due à l'État par les concessionnaires de mines.

Pour arriver à fixer cette redevance dans de justes limites, il faut, avant tout, comme nous venons de le voir, déterminer d'une manière précise quel *est le produit net* donné par l'exploitation de la mine.

Le produit net d'une exploitation ne peut évidemment s'entendre que du produit, défalcation faite de toutes les dépenses par lesquelles il a fallu passer pour l'obtenir; en un mot, le produit net c'est le bénéfice, le profit que l'exploitation procure aux concessionnaires.

L'administration elle-même, dans toutes ses circulaires, a reconnu ce principe, et a déclaré que le *produit net* des mines serait calculé en retranchant du produit brut *les dépenses de l'exploitant*.

Mais quand il s'est agi d'opérer, en fait, la défalcation, l'administration s'est le plus souvent singulièrement écartée du principe qu'elle avait elle-même posé.

Il résulte en effet des circulaires ministérielles des 12 avril 1849 et 1er décembre 1850 :

1° Que le produit brut doit être calculé en multipliant les quantités extraites par un prix évalué sur le carreau des mines; tandis que, pour obtenir un résultat équitable et véridique, il faudrait évidemment faire porter le calcul, non pas *sur le chiffre des extractions*, mais sur les *quantités vendues*. Et qu'il faudrait, en outre, au lieu du prix du carreau de la mine, qui est un prix d'estime donnant prise à l'arbitraire et à la discussion, admettre les prix de vente *réels* sur les marchés où les ventes ont lieu et défalcation faite des transports.

2° L'administration refuse d'admettre, dans le calcul de défalcation, toute sorte de capital engagé dans l'entreprise. Or, il il y a cependant un capital commercial et industriel *nécessaire*, sans lequel une exploitation ne peut marcher. Le seul capital qu'il semble que l'administration ne puisse pas admettre est celui de la valeur conventionnelle attribuée aux concessions.

3° L'administration n'admet que les routes *faisant partie intégrante de la mine*. Or, l'État doit évidemment tenir compte de toutes les routes qui sont faites, au profit d'une exploitation, et pour faciliter la vente, lorsqu'elles sont créées par les propres fonds des concessionnaires et sans péage compensateur.

4° Les divers articles de premier établissement sont admis, mais sans pouvoir être répartis sur plusieurs années. Dès lors une mine qui dans une certaine période d'années (et cela arrive souvent ainsi) dépense plus que son revenu, se trouve frustrée de toute compensation; puisque d'autre part la circulaire n'admet aucun capital.

5° L'administration n'admet comme frais généraux que les frais strictement nécessaires pour la marche de l'entreprise. Cet énoncé laisse beaucoup de place à l'arbitraire, et on ne conçoit pas d'ailleurs pourquoi tous les frais généraux ne seraient pas admis.

6° L'administration refuse également d'admettre les dépenses pour secours aux ouvriers et à leurs familles que font spontanément les concessionnaires. Toutes ces dépenses sont pourtant une augmentation évidente des frais de main-d'œuvre.

7° On rejette les primes et les escomptes des prix de vente, tandis qu'il est évident que le produit net ne peut être obtenu que défalcation faite de ces charges.

8° On rejette les pertes de place, les frais de voyageurs et autres frais qui empêchent évidemment d'obtenir le véritable produit net, base de l'impôt.

9° Enfin, on n'admet pas les pertes par suite de faillites, de sinistres de navigation ou autres, les dépréciations qui résultent des expéditions et des magasinages, et qui constituent cependant des pertes réelles.

Une pareille manière de calculer, manière à la fois rigoureuse et injuste, est certainement contraire au texte de la loi, puisque la loi parle du *produit net*, et qu'il n'y a pas de produit net quand toutes les dépenses sans exception qu'il a fallu faire pour l'obtenir ne sont pas défalquées; mais elle est contraire peut-être plus encore à l'esprit qui animait le législateur de 1810.

Si l'on se reporte en effet aux discussions qui ont précédé l'adoption de la loi du 21 avril, et si l'on parcourt les différentes modifications qu'a subies la rédaction primitive, on remarque que, spécialement en ce qui concerne la perception des redevances, l'intention des auteurs de la loi a été que les exploitants fussent traités de la manière la moins rigoureuse et la plus libérale, et que leur constante préoccupation a été de rendre l'impôt aussi peu onéreux que possible.

Signalons d'abord, et comme point de vue général, ce que disait M. l'archichancelier dans la séance tenue aux Tuileries, sous sa présidence, le 1er juillet 1810. (V. Locré, *Comm.* IX, n° 5, p. 137 et suiv.)

« M. l'archichancelier dit que, s'agissant d'établir une législation nouvelle, on ne saurait agir avec trop de précaution.

« On voudrait appliquer aux mines les formes usitées pour les droits réunis et pour quelques autres perceptions des revenus de l'État.

« On ne prend pas garde *à l'énorme* différence qui existe entre ces perceptions et celles qu'on fait sur les mines ; si l'État ne recevait pas le produit des grandes branches du revenu public, il ne pourrait plus faire face à ses dépenses, et dès lors aucune précaution ne doit être négligée pour faire rentrer ce produit, en dût-il même résulter quelques inconvénients particuliers ; *mais le produit des mines n'est pas de la même importance, et quand l'État ferait, à cet égard, quelques pertes, il ne perdrait pas les ressources qui fournissent à ses besoins.* »

On se rappelle en effet que le produit des redevances sur les mines forme un fonds spécial dont il est tenu un compte particulier au trésor, et qui est destiné en partie aux dépenses de l'administration des mines.

Nous allons parcourir maintenant les discussions qui s'engagèrent lors des présentations successives des différentes rédactions du projet de loi.

Dans la séance du 8 avril 1809, tenue aux Tuileries, sous la présidence de Napoléon, le titre IV, sect. II, des obligations des concessionnaires, fut une première fois soumis à la discussion.

Les articles de cette section, en ce qui concerne les redevances, étaient ainsi conçus (V. Locré, *Comm.* V, n° 32, p. 65.) :

« Art. 32. Les concessionnaires de mines sont tenus de payer à l'État des redevances qui se divisent en redevance fixe et en redevance proportionnelle au produit de l'extraction.

« La redevance fixe sera annuelle et réglée par l'acte de concession, d'après l'étendue de celle-ci et les avantages qu'elle promet.

« Art. 33. La redevance proportionnelle est fixée ainsi qu'il suit :

« 1° Au 70° au plus et au 120° au moins des matières minérales brutes pour tous les minéraux métalliques ;

« 2° Au 20° au plus et au 100° au moins des produits bruts pour les minéraux combustibles.

« Art. 34. Il peut être accordé par le gouvernement, *pendant les cinq premières années de la concession* [1], la remise en tout ou en partie du payement de la redevance proportionnelle ; et ce, comme encouragement, en raison de la difficulté des travaux à entreprendre. Semblable remise peut aussi être accordée comme dédommagement, en cas d'accident de force majeure qui surviendrait pendant l'exploitation.

« Art. 35. Les produits des redevances fixes et des redevances proportionnelles formeront un fonds spécial applicable aux dépenses de l'administration des mines et à celles des recherches, ouvertures et mise en activité des mines anciennes. »

La discussion s'étant établie sur ces articles,

---

[1] Cette limite fixée à la possibilité de la remise n'a pas été reproduite dans la rédaction définitive de la loi. (V. l'art. 38 de la loi.)

« Napoléon dit que la redevance proportionnelle, qui, au premier coup d'œil, paraît juste, présente beaucoup de difficultés dans l'application, et effraye les entrepreneurs. Il ne faut pas que ceux qui avancent de grands capitaux se trouvent engagés dans une association en vertu de laquelle les agents du gouvernement scrutent leurs registres et prennent connaissance de toutes leurs affaires. Il vaudrait mieux renouveler tous les dix ans la redevance fixe et l'augmenter si elle ne se trouvait plus en proportion avec les produits de la mine.

« Mais toute redevance doit être supprimée. Il faut que les mines soient imposées, comme les autres propriétés, par la loi qui établit chaque année les contributions. »

Les articles sont ensuite renvoyés à la section. (V. Locré, *eod.*, p. 67.)

Dans la séance du 27 juin 1809, ces articles furent de nouveau soumis à la discussion.

On s'occupe d'abord de l'article 34 correspondant à l'article 32 de l'ancienne rédaction (V. plus haut, p. 14), et qui portait que « la redevance fixe serait annuelle et réglée d'après l'acte de concession, d'après l'étendue de celle-ci et les avantages qu'elle promettait. » (Locré, p. 121.)

« M. l'archichancelier dit qu'il n'entend pas combattre la proposition d'assujettir les mines à une redevance fixe et annuelle, mais qu'il est impossible de régler cette redevance sur les avantages que la concession promet. D'abord comment prendre pour base des produits toujours incertains et quelquefois nuls ? *Il pourrait même arriver que le concessionnaire payât fort longtemps la redevance pour des mines dont il n'aurait pas encore retiré de profit.* Ensuite il est à craindre qu'on ne vienne à supposer des augmentations et des améliorations qui n'existent pas, et que, dans cette fausse persuasion, on n'ajoute chaque année à la redevance de manière à la rendre accablante pour le concessionnaire.

« Il vaudrait mieux taxer à une somme déterminée sur l'étendue du terrain. »

M. le comte Regnauld approuve cette mesure. Il fait observer cependant que toutes les mines ne donnant pas le même produit, quelques concessionnaires payeront peut-être *au delà de ce qu'ils devraient*, et d'autres moins qu'ils ne doivent ; mais on évitera du moins le premier de ces inconvénients, *qui est le plus grave des deux*, si l'on n'exige des concessionnaires qu'une redevance assez modérée, pour n'être pas au-dessus des facultés d'aucun, par exemple 50 francs par kilomètre.

L'article fut adopté avec l'amendement de M. l'archi-chancelier.

L'article 35 fut ensuite discuté. Il était ainsi conçu (V. Locré, p. 122) :

« La redevance proportionnelle sera une contribution à laquelle les mines, comme propriétés privées, seront assujetties *sur leur produit net.*

« M. l'archichancelier rappelle ce qui a été dit par Napoléon, dans la séance du 8 avril, sur la redevance proportionnelle.

« M. Regnauld dit que la section a cherché à organiser le système qu'il avait proposé.

« Le chef du gouvernement voulant assimiler les mines aux autres propriétés, quant à la contribution, la section propose de ne prendre la redevance que *sur le produit net ;* mais comme ces produits sont très-inégaux, et ne *s'obtiennent que par des dépenses considérables, il faudra, dans l'évaluation, avoir égard à ces circonstances* [1]. — Au surplus, un règlement d'aministration déterminera avec plus d'étendue les principes et les bases de la redevance proportionnelle.

« M. l'archichancelier dit qu'il faut décider comment le produit net sera déterminé.

« Ce qu'il faut *réunir de capitaux pour établir des travaux réguliers est considérable.* Ce qu'il faut en *dépenser avant d'obtenir un produit est immense.* On assure que la compagnie qui exploite les mines d'Anzin a travaillé pendant vingt-deux ans avant de parvenir à extraire du charbon, et a dépensé plus

[1] Cette idée que pour entreprendre l'exploitation d'une mine et la faire arriver à des résultats, il faut sacrifier des capitaux considérables, a constamment préoccupé le législateur, qui cherchait tous les moyens de les attirer dans ces sortes d'entreprises.

C'est ainsi que dans la séance du 20 juin 1809 (V. Locré, p. 100), M. Berlier ayant demandé que les sociétés anonymes fussent interdites pour l'exploitation des mines, M. Regnauld faisait repousser cette proposition en disant :

« Interdire les sociétés anonymes, ce serait empêcher les associations sans lesquelles il devient presque impossible d'entreprendre des exploitations aussi considérables que celles des mines. *De telles exploitations exigent des capitaux* qu'un petit nombre de particuliers ne pourraient pas fournir ou ne voudraient pas aventurer. Un capitaliste hasardera bien une petite portion de sa fortune ; mais il se refusera à risquer sa fortune tout entière Dès lors il faut nécessairement admettre un mode qui *appelle tous ces capitaux* partiels, et en forme une somme totale pour commencer et soutenir l'entreprise. »

De son côté, M. le comte Girardin, dans son rapport présenté au corps législatif, le 21 avril 1810 (Locré, p. 401), disait : « M. Regnauld dit que le conseil des mines a toujours obligé les concessionnaires à consigner sur des registres le produit des extractions, afin que l'administration connaisse la quantité des matières dont on peut disposer ; que ces registres donneront des bases pour évaluer le produit net, *en le combinant avec les dépenses.* Si le concessionnaire se trouve trop chargé, il se pourvoira en dégrèvement. L'article 41 suppose qu'il aura cette faculté lorsque des accidents diminueront *ses bénéfices.*

« M. l'archichancelier dit que soit qu'on adopte ce moyen, soit qu'on se règle sur l'inventaire annuel que le Code de commerce oblige les associés de faire, soit qu'on évalue d'après la profondeur des puits, etc., il faut que la loi s'explique sur le mode qu'on adoptera.

2

de 16 millions pour établir toutes les machines nécessaires à leur exploitation. Cette somme, toute forte qu'elle est, cessera peut-être, messieurs, de vous paraître exagérée, lorsque vous parcourrez la série des travaux à faire pour exploiter une couche ou un filon dans toute son étendue, etc. »

Comment, d'après toutes ces explications, supposer qu'il soit conforme à l'esprit de la loi de rejeter, dans le calcul de défalcation, comme le fait aujourd'hui l'administration, les intérêts de ces capitaux sans lesquels nous voyons que l'exploitation des mines serait impossible ?

Ajoutons ici que, dans la séance du 21 octobre, Napoléon, posant les bases de la loi au sujet de l'indemnité due par les concessionnaires au propriétaire de la surface, disait :

« On lui donnera, à titre de redevance, une part dans les produits ; on lui donnera en outre une indemnité pour la partie du fonds que l'exploitation lui enlève, et on fera entrer dans l'évaluation la plus-value que la découverte de la mine ajoute au fonds en défalquant les frais d'exploitation et *l'intérêt des capitaux*.

« Il serait fort étrange qu'elle assujettît les mines à une perception dont elle ne déterminerait point les bases. *Les règlements d'administration ne doivent seulement organiser que l'exécution des principes qu'elle aura posés, et non pas les établir.* »

« M. Defermon dit qu'on pourrait suivre pour les mines la même marche que pour la contribution foncière ; on impose les terres à raison de ce qu'elles peuvent produire.

« M. l'archichancelier dit qu'il n'est pas aussi facile d'évaluer le produit présumé des mines que celui des terres ; que d'ailleurs cette évaluation doit être renouvelée tous les ans.

« Au reste, M. l'archichancelier ne réclame que contre le silence de la loi sur les bases de l'évaluation.

« M. le comte Regnauld dit que le mode le plus simple serait de prendre pour base, comme il l'a proposé, le produit brut constaté par les registres de l'exploitation, et *de défalquer les dépenses*.

« M. le comte Treilhard dit qu'en obligeant les entrepreneurs à tenir d'un côté des registres d'extraction, de l'autre *des registres de dépenses*, l'évaluation du produit net serait faite d'une manière aussi sûre qu'il soit possible.

« M. le comte Berlier trouve qu'il y aurait de l'avantage à percevoir la redevance sur le produit brut de l'extraction, en faisant les déductions convenables ; chacun sait ce qu'une quantité quelconque de matières brutes peut produire après qu'elle a été manipulée. Ainsi l'on adoptera une base très-sûre. Il est vrai que la redevance ne serait plus exactement une imposition ; mais qu'importe, puisqu'elle a le même résultat ?

« Au surplus, M. Berlier ne propose pas de donner au gouvernement une part dans les bénéfices. On s'est élevé avec raison contre ce système, qui obligerait les entrepreneurs à dévoiler chaque jour leurs affaires aux yeux des agents du fisc, *et de souffrir que ceux-ci fouillent à volonté dans leurs registres*. Il n'y aurait toujours qu'une simple redevance.

« M. Jaubert combat également et le système du compte de clerc à maître, d'après les registres, et celui de la perception sur le produit brut.

« L'un et l'autre aurait l'inconvénient *de faire intervenir les agents du fisc dans les affaires des entrepreneurs*.

« On vient de le prouver pour le premier. Non-seulement il obligerait les entrepreneurs à souffrir que les agents du

2.

fisc prennent connaissance de leurs affaires, il les forcerait
même de les appeler à tout moment pour opérer en leur présence.

« Quant au second système, on ne peut l'organiser qu'en
établissant un exercice *qui soumettrait aussi les entrepreneurs
aux visites et à l'inspection des agents.*

« Mais on pourrait combiner ensemble les articles 35 et 36
de manière à appliquer aux mines ce qui se pratique à l'égard
des édifices : quand le propriétaire d'une maison pense que sa
cote d'imposition est trop élevée, on s'en rapporte à des experts
qui prononcent entre lui et l'administration.

« M. Regnauld dit que le système de M. Berlier n'est pas
aussi simple qu'on le représente.

« A la vérité il est des exploitations, celle des houilles par
exemple, dont les produits peuvent être mis dans le commerce
aussitôt après l'extraction, et si toutes étaient de cette nature,
ce que M. Berlier propose serait praticable ; mais les produits
des mines de cuivre, de zinc, de calamine, et de presque toutes
les autres, ne peuvent être connus et se réaliser qu'après des
préparations chimiques ; ce ne serait donc plus au sortir de la
mine, mais au sortir des fourneaux que la redevance pourrait
être perçue. Dès lors il faudrait que les agents du gouvernement *suivissent les entrepreneurs dans toute la série de leurs opérations.*

« Il est cependant des moyens d'évaluer la redevance d'après
le produit brut ; par exemple, le produit des moulins à eau est
évalué suivant l'eau qui les alimente, et par des experts auxquels
une grande habitude donne toute l'assurance nécessaire pour
ne pas se tromper. Qu'on procède de même à l'égard des mines,
mais en réservant aux parties le recours au conseil d'État contre

la décision des experts. Lorsqu'il s'agit de propriétés aussi consi-dérables, on ne saurait prendre trop de précautions.

« Si ce mode ne convient pas au conseil, on peut adopter celui que M. Treilhard a présenté.

« M. de Ségur fait observer que M. Regnauld, en combattant le système de M. Berlier, le reproduit cependant dans une autre forme avec toutes les difficultés qu'il lui a reprochées.

« M. l'archichancelier dit que, puisqu'on a proposé de com-biner l'article 35 avec l'article 36, il importe de bien saisir ce dernier, et que cependant la rédaction laisse quelques incerti-tudes [1].

« M. le comte Regnauld dit que la section a compris que les mines ne seraient imposées que dans la proportion du tiers des autres propriétés de l'arrondissement; *si par exemple la contri-bution foncière de la commune est réglée au sixième du produit des terres, celle des mines sera du dix-huitième.*

« M. l'archichancelier dit que ce système de proportion locale doit être plus clairement expliqué.

« M. Defermon, en admettant l'explication donnée par la section, appelle l'attention du conseil sur un autre objet.

« Le conseil des mines voudrait que la redevance, consti-tuant un fonds à part, fût perçue à part; qu'elle devînt enfin une imposition particulière. C'est ce qu'on ne doit pas souffrir. Il faut que les mines soient sous la loi commune qui régit les contributions de toutes les propriétés, et qu'il n'y ait d'excep-

---

[1] Voici quelle était la rédaction de cet article 36, dans le projet que l'on dis-cutait alors :

« ART. 36 (il correspond à l'art. 35 de la loi). Cette contribution sera réglée chaque année par le budget de l'État comme les autres contributions publiques. Toutefois elle ne pourra jamais être fixée que dans la proportion du tiers de l'imposition sur les propriétés foncières territoriales. » (V. Locré, p. 127, *in fine.*)

tion que pour le taux *qu'il convient de réduire* relativement à ces sortes de biens.

« M. Regnauld dit qu'on ne peut pas faire entrer la contribution d'une mine récemment découverte dans la cotisation de la commune. C'est une propriété nouvelle, une nouvelle matière imposable ajoutée à celles qui existent. *Jusqu'ici les mines n'ont pas payé de contribution; mais puisqu'on veut les y assujettir,* que du moins ce qu'elles payent à l'État tourne au dégrèvement de tous les départements et non d'une commune particulière. Il y a telle commune qui se trouverait affranchie de toute contribution, si celle qui est payée par les mines de son territoire devait être imputée sur sa cotisation.

« Quant à la spécialisation, elle ne nuit pas à l'État, puisque ce qui reste du produit des contributions, après les dépenses faites, est versé au trésor public. Ce système, au surplus, n'est pas nouveau ; il existe déjà pour les droits de navigation. »

Le conseil adopte la proposition d'établir la redevance sur le produit net, et celle de ne la porter qu'au tiers proportionnel des autres propriétés de la commune. (V. Locré, *Comm.*, n°s 3, 4, 5 et 6.)

Dans la séance du 17 octobre 1809, tenue aux Tuileries, sous la présidence de M. l'archichancelier, la section 2 du titre IV fut de nouveau soumise à la discussion.

L'article 38 de cette quatrième rédaction, qui correspondait à l'article 34 de la troisième rédaction (V. plus haut, page 15), fut adopté sans observation. Dans ce nouvel article, il était dit :

« Que la redevance fixe serait réglée d'après l'étendue de l'acte de concession, et qu'elle serait de 10 fr. par kilomètre carré. »

L'article 39, correspondant à l'article 35 de la rédaction précédente (V. plus haut, p. 16), portait (V. Locré, p. 191) :

« Que *le produit net* (servant de base à la redevance proportionnelle) serait établi d'après les registres de l'exploitation constatant les produits extraits, défalcation faite de tous les frais d'extraction, et que parmi ces frais seraient comprises les redevances et les indemnités dues aux propriétaires de la surface. »

« M. l'archichancelier dit que cet article a donné lieu à une observation qui mérite d'être pesée. On a remarqué qu'il obligerait les entrepreneurs à mettre chaque année, *sous les yeux des employés du gouvernement, tous les secrets de nos affaires et de leur exploitation.*

« Puisque les entrepreneurs seront *désormais propriétaires,* il suffit de se réserver le droit de régler *de nouveau l'imposition tous les vingt ans.* Il n'en est pas d'eux comme des concessionnaires. Ceux-ci n'ayant qu'une jouissance limitée, l'administration qui, un jour, devait ou renouveler ou adjuger la concession, avait intérêt à en connaître très-exactement le produit, afin de se fixer sur les conditions, lorsque le moment du renouvellement ou de l'adjudication arriverait.

« M. Defermon dit qu'on n'a pas établi cette inspection annuelle pour les moulins, pour les usines, en un mot pour les choses dont le produit est sujet à beaucoup varier, et qui sont soumises à la contribution foncière.

« M. Regnauld dit qu'il faut avant tout se rappeler les intentions du chef du gouvernement. Il veut que les mines soient assujetties à la contribution foncière; *mais dans une proportion moins forte que les autres biens territoriaux.* On est donc forcé de faire des évaluations annuelles.

« Cette opération peut se faire à l'égard des moulins sans recourir à des vérifications, parce qu'on sait combien un moulin a de travail, et par conséquent combien il donne de *bénéfice*. Ces données manquent par rapport aux mines.

« Certes, il serait fort gênant pour les entrepreneurs d'ouvrir aux employés leurs registres d'administration ; mais on ne leur fait présenter que leurs registres d'extraction, registres qu'au conseil d'État on les a toujours forcés de tenir, et d'après lesquels aussi on a toujours fixé la redevance annuelle. Il ne s'agit pas de s'immiscer dans l'administration ; par exemple, de donner aux employés le droit d'empêcher les entrepreneurs de faire une galerie, sur le fondement *que cette dépense diminuerait trop le produit.*

« M. l'archichancelier demande si le produit ne pourrait pas être évalué d'après la profondeur des puits.

« M. Regnauld répond que le produit des puits, quelle qu'en soit la profondeur, varie suivant les années, parce qu'il dépend du succès des machines et des travaux.

« M. Defermon dit que le mode proposé par la commission paraîtra toujours *une mesure inquisitoriale.*

« Il est facile de juger, par la quantité vendue, de la quantité extraite, et par conséquent, d'établir une année commune d'extraction.

« Quant au minerai, il est là, il ne s'agit que de compter.

« Pourquoi ne pas suivre à l'égard des mines les mêmes procédés que pour les autres biens dont le produit est variable ? On parvient bien à établir l'année commune du produit des vignes, et on modère ensuite la contribution, *si des accidents diminuent le produit.* On peut faire de même pour les mines. Rien n'empêche d'en fixer par évaluation le produit à une somme déterminée sur laquelle on règle la contribution. On renouvellera cette évaluation tous les vingt ans ; par là l'entrepreneur aura toute la latitude nécessaire.

« M. l'archichancelier dit que puisqu'on recommence chaque année l'évaluation d'après le produit net, il ne faut pas dire que les mines sont imposées comme les autres propriétés foncières.

« M. Regnauld répond que la section a rédigé conformément aux intentions du chef du gouvernement.

« M. l'archichancelier dit que l'intention du chef du gouvernement est seulement qu'on place les mines dans la classe des biens qui supportent la contribution foncière.

« Revenant à la question principale, M. l'archichancelier fait observer que l'article ne dit pas, comme l'a prétendu M. Regnauld, que l'évaluation sera faite d'après le registre d'extraction, mais qu'il oblige à représenter le registre d'exploitation, qui est celui où les affaires de l'administration sont consignées. *Or, il est fort à craindre que les agents du gouvernement n'abusent des connaissances qu'ils puiseront dans ce registre pour tourmenter les entrepreneurs.* Sous prétexte que les mines sont des propriétés d'une nature particulière auxquelles l'État se trouve associé, ces agents prétendront que le produit ne s'est pas élevé assez haut parce qu'on n'a pas bien exploité. *Insensiblement il se formera une jurisprudence qui deviendra tellement gênante pour les entrepreneurs qu'ils renonceront à leurs entreprises.*

« Il faut donc chercher un autre mode ; qu'on dise, par exemple, que l'évaluation sera faite sur le registre d'extraction, et qu'on ne pourra, à cette occasion, inquiéter les propriétaires *sur leur manière d'exploiter*, hors les cas où ils auraient encouru la déchéance pour cause d'abandon.

« M. Regnauld dit que la section croit servir *l'intérêt des concessionnaires* lorsqu'elle les assujettit à représenter le registre d'exploitation plutôt que celui d'extraction. En effet, ce dernier registre n'offre que le produit brut qui, dans sa réalité, est toujours au-dessus du produit net, *parce que les dépenses et les pertes ne sont pas déduites. Ces déductions sont d'une très-haute importance pour eux.* La section a donc pensé qu'il leur serait avantageux d'être jugés d'après le registre qui les constate.

« Quant à ce qu'a proposé M. Defermon, il faut remarquer que, puisque d'après l'intention du chef du gouvernement, les mines doivent être imposées, comme les autres propriétés foncières, par la loi générale qui fixe annuellement les contributions, il y aura une somme à répartir entre les entrepreneurs, et qu'elle pourrait l'être inégalement si le mode de répartition n'était pas déterminé.

« M. l'archichancelier dit qu'il ne partage pas l'opinion de M. Defermon, *qu'il n'est pas d'avis de laisser la manière d'imposer les mines dans le vague et dans l'arbitraire.* M. l'archichancelier n'a pas non plus entendu écarter le registre d'exploitation, ni priver les entrepreneurs des avantages qu'ils peuvent en tirer ; mais il voudrait qu'on ne se réglât pas toujours sur ce registre. Son système serait que le produit brut fût d'abord déterminé, qu'on en accordât moitié à l'entrepreneur *pour ses pertes et dépenses ;* qu'on assît la contribution sur le reste ; qu'ensuite, *s'il survient des pertes et des dépenses extraordinaires,* on dégrevât d'autant l'entrepreneur ; *que ces pertes et ces dépenses* puissent être constatées par le registre d'exploitation, qui serait débattu entre l'entrepreneur et les agents du gouvernement.

«. M. Berlier dit qu'en établissant la redevance d'après le produit brut, on lèvera beaucoup de difficultés. On n'a que le registre d'extraction à consulter. Si au contraire elle l'était d'après le produit net, il y aurait une association entre l'État et l'entrepreneur; il faudrait opérer sur le registre d'exploitation, et *procéder à des examens qui seraient distinctifs de l'industrie*.

« L'évaluation du produit net sera toujours très-incertaine.

« En établissant au contraire *une faible redevance* sur le produit brut, on concilie tous les intérêts. Rien n'est plus facile que de reconnaître les quantités *qui ont été vendues*.

« En outre, ce système se rapproche de celui de l'administration des droits réunis, qu'à l'aide de quelques modifications on appliquerait peut-être avec avantage à la matière, et qui s'y accommoderait très-bien. En effet, le droit qui se perçoit sur les vins n'est qu'une redevance proportionnelle.

« On ne fatiguerait pas les entrepreneurs par des visites trop fréquentes; car les employés des droits réunis ne se transportent pas journellement chez les contribuables.

« M. de Ségur dit que le système de M. l'archichancelier est beaucoup plus simple. Il est conforme à ce qui se pratique à l'égard des usines : on défalque un tiers de leur produit brut et l'on fait porter l'imposition sur le reste. »

M. Regnauld combat ce système par le motif qu'un prélèvement égal sur le produit brut de toutes les mines amènerait des inégalités choquantes, parce qu'il n'y a aucune proportion entre les différentes exploitations de mines, relativement aux frais et aux dépenses qu'elles entraînent. Puis il ajoute :
«Quant à l'opinion de M. Berlier, c'est celle que la section avait d'abord embrassée pour se conformer à la variation du

produit que donnent les mines; on avait gradué l'imposition sur le produit brut depuis le 20ᵉ jusqu'au 50ᵉ.

« Mais on a remarqué que c'était là une contribution mobilière, tandis qu'il s'agissait d'établir une contribution foncière.

« La section s'est rendue à cette réflexion, elle a assis la contribution *sur le produit net*, en donnant au propriétaire la facilité de défendre ses intérêts par son registre d'exploitation.

« Mais si ce système présente trop de difficultés, la section est disposée à revenir à son opinion primitive. » (V. Locré, *Comm.* XV, nᵒˢ 1 à 5, p. 195 et suiv.)

Cette discussion fut reprise dans la séance du 24 octobre 1809.

« M. Regnauld dit que le conseil des mines demande que la redevance soit établie sur le produit brut.

« Ce système permet d'établir une proportion plus juste entre la redevance et le produit, parce qu'on peut se ménager plus de latitude en fixant un maximum et un minimum.

« La perception sur le produit brut est d'ailleurs conforme à la législation des pays les plus abondants en mines.

« M. l'archichancelier dit que, dans cette matière, *le principal intérêt de l'État est que les mines soient exploitées;* mais on veut en faire une branche de revenus publics, et de là naissent des difficultés, car si l'on n'envisage la question que dans le premier rapport, on établirait la perception tantôt sur le produit brut, tantôt sur le produit net, suivant les circonstances, et s'il s'élevait quelques contestations sur l'évaluation, on s'en rapporterait à des experts.

« M. Berlier dit que, pour connaître exactement le produit d'une mine, il conviendrait de ne l'évaluer *qu'après dix ans d'exploitation et de n'exiger de contribution qu'à cette époque.*

« M. Regnauld dit qu'on ne connaît pas après dix ans, même

quelquefois après cinquante, le produit qu'une mine pourra donner; il faut beaucoup de temps avant que l'exploitation arrive au degré de prospérité où elle est susceptible de parvenir.

« M. de Ségur dit qu'on ne sortira pas des difficultés *si l'on veut établir un impôt ; il faut se contenter d'un modique produit.*

« Le conseil arrête que l'évaluation sera faite sur le produit brut. »

Les articles de la section furent ensuite renvoyés à la section pour être rédigés dans ce système. (V. Locré, *Comm.* XVI, n° 2, 3, 4.)

Dans la séance du 11 novembre suivant :

« M. l'archichancelier demanda si la section avait fait les changements convenus dans les dispositions relatives à la redevance.

« M. Regnauld répond que le projet a été corrigé.

« M. Begouen que la section *porte la redevance à un taux énorme.*

« M. Regnauld répond que ce taux ne s'applique qu'aux mines très-considérables.

« M. Begouen objecte *que l'exploitation des mines tient plus à l'industrie* qu'à la propriété, et que *son produit est sujet à de grandes variations.* En conséquence il demande que le *maximum soit baissé.*

«M. Regnauld dit que tout dépend de savoir si l'on établira la redevance sur le produit net ou sur le produit brut. *Dans le premier cas elle peut être trop forte ;* dans le second on peut sans inconvénient l'élever.

« M. l'archichancelier dit qu'il serait bon que la section fît un rapport sur ce sujet.

« Le renvoi du projet à la section de l'intérieur est ordonné. »
(V. Locré, *Comm.* XX, n°˙ 11 et 13, pages 231 et 232.)

Dans la séance du 18 novembre 1809, on présente la cinquième rédaction de la section 22 du titre IV. (Locré, p. 241.)

L'art. 38 (correspondant à l'art. 39 de la quatrième rédaction (V. plus haut, page 22) portait que la redevance proportionnelle serait basée sur le produit brut;

« Et que le produit brut serait établi *d'après les registres de vente*, certifiés par l'exploitant, visés par le maire de la commune et vérifiés par le percepteur, avec l'intervention, au besoin, de l'ingénieur des mines. »

L'art. 39 portait ensuite que :

« La redevance ne pourrait jamais s'élever au-dessus d'un soixantième du produit brut des exploitations, ni être au-dessous du centième ;

« Et qu'il serait établi une série décroissante du soixantième au centième, au moyen de laquelle on formerait vingt classes dans lesquelles les exploitations seraient rangées en raison de la nature des mines, de l'importance des travaux, de la facilité ou de la difficulté des débouchés, de manière que le mode de redevance fût favorable aux exploitations les plus utiles et les plus difficultueuses. »

La discussion fut ensuite ajournée.

Dans la séance du 18 janvier suivant, M. Regnauld donna lecture d'un mémoire des exploitants des mines de charbon de terre dans le département de Jemmapes.

Ce mémoire contenait sur l'établissement des redevances les observations ci-après (V. Locré, pages 260, 261, 262 et 263) :

« Nous sollicitons très-humblement que l'impôt soit simple;

c'est le caractère qui le rend supportable en général, mais surtout dans l'exploitation des mines.

« En effet, l'exploitation des mines n'est pas comparable aux branches ordinaires du commerce ni aux autres genres d'industrie.

« Les mines donnent lieu à des *embarras très-fréquents*, et si l'impôt pouvait les aggraver par des recherches minutieuses et continuelles ou être assimilé à l'impôt indirect, on verrait bientôt les habitants du département de Jemmapes ralentir leur zèle ou abandonner successivement leurs entreprises.

« Nous ajoutons qu'un des deux impôts doit suffire [1], et qu'il convient de se borner à l'impôt proportionnel ; car jusqu'ici on n'a vu *dans aucune législation connue une imposition en raison de l'étendue du terrain et une seconde imposition proportionnée à son produit.*

« Nous nous permettrons de représenter ici que ce serait une nouveauté d'autant plus préjudiciable qu'elle poserait sur une branche d'industrie *qui demande surtout encouragement et protection.*

« Nous nous permettrons encore de dire que la France, reconnue au-dessus des autres nations dans les sciences et dans les arts, était restée en arrière par rapport à l'exploitation des mines ; elle a trouvé les pays qu'elle a conquis plus avancés dans cette partie de l'économie publique. Il semble donc que la première attention, dans le projet d'une loi sur les mines, *doit être de favoriser et d'encourager tous ceux qui se vouent à ce genre d'industrie.*

---

[1] On peut faire remarquer ici que la loi du 17 juin 1840 sur le sel porte, article 4, *qu'aucune redevance proportionnelle n'est exigée au profit de l'État.*

« Cependant, commencer par charger les mines *d'un double impôt, ce ne serait pas marcher vers ce but.*

« L'impôt proportionnel est établi sur le *produit net de* chaque exploitation. Les exploitants sont persuadés qu'il s'agit *du produit net effectif*, et nullement d'un produit présumé; car, s'il s'agissait d'une présomption, on tomberait bientôt dans l'arbitraire, etc., etc.

« Ces considérations porteront sans doute le conseil d'Etat à supprimer entièrement l'impôt fixe et à réduire l'impôt proportionnel, de manière qu'il ne s'élève dans aucun cas au-dessus de 2 *ou* 3 *pour* 100 *du produit net effectif.*

« Il importe grandement à la France de faire naître une *émulation générale* pour les entreprises dans les mines, et d'en porter l'exploitation au plus haut degré de prospérité; *tandis qu'un impôt qui pourrait rapporter un million*, pris sur le produit des mines, ne serait d'aucune considération dans le système de l'état de ses finances. *Le charbon de terre surtout mérite les faveurs de l'administration publique.*

« Un impôt modéré sera payé sans frais et même avec empressement, puisque la perception annuelle et constante *d'une quotité de produits nets* sera une preuve authentique de la prospérité de l'établissement, et une garantie de la valeur des actions ou intérêts dans l'entreprise. »

Dans le cours des discussions qui suivirent et qui s'engagèrent sur la cinquième rédaction du projet de loi, on remarque comme toujours, que la préoccupation constante des orateurs était de réduire l'impôt dans les plus étroites limites

C'est ainsi que Napoléon dit (V. Locré, page 278) : « Que la législation *doit toujours être en faveur du propriétaire; il faut qu'il ait du bénéfice dans ses exploitations, parce que sans cela il abandonnerait ses entreprises.*

Dans la séance du 3 février 1810 (V. Locré, *Comm.* XXIV, nº 13, p. 290 et 291) :

« M. le comte Réal dit que l'impôt doit aussi être envisagé sous le rapport *de l'intérêt des fabriques.* Celles qui se servent de charbon ne pourraient plus soutenir la concurrence avec l'étranger, *si ce combustible payait des droits considérables.* »

« Napoléon dit qu'on l'imposera *légèrement* et comme matière première. »

« M. Begouen dit que l'intérêt de l'État *n'est pas de tirer un grand produit de l'impôt du charbon,* mais d'encourager *l'industrie qui le produit* et qui vivifie et augmente la fabrication des objets sur lesquels des droits sont ensuite perçus. *Les mines de charbon ruinent toujours les premiers et les seconds exploitants. Enfin le bas prix des charbons est une des causes qui favorisent le plus le développement de l'industrie anglaise.*

«M. Regnauld dit que ce n'est là qu'un motif pour modérer l'impôt.

« M. de Ségur ne conçoit pas qu'on établisse *un droit proportionnel sur le produit là où tout dépend de l'industrie.*

«M. Regnauld dit qu'il n'en est pas ainsi de beaucoup d'autres exploitations qui, comme les mines, doivent leurs succès à l'industrie ; mais qu'on ne *les taxe pas rigoureusement* dans les proportions de l'intérêt foncier. Le taux que la section propose est modéré ; mais, si on le trouve trop élevé, on peut le réduire encore.

« Napoléon dit qu'on le réglera par le budget.

« M. Regnauld pense qu'il serait nécessaire de fixer dès à présent un maximum. »

Dans la séance du 13 février 1810, tenue aux Tuileries sous la présidence de Napoléon, une sixième rédaction du projet de loi fut présentée; elle donna lieu aux observations suivantes (V. Locré, *Comm.* XXV, n° 33, p. 322 et suiv.):

« **M.** le comte Begouen propose de ne pas assujettir les mines à une redevance proportionnelle au profit de l'État. La perception d'un pareil impôt entraîne des mesures vexatoires pour les exploitants; il faut qu'il dévoile le secret de ses affaires aux agents du fisc, qui mettent d'autant plus de sévérité dans leurs recherches, qu'ils sont portés à croire que le propriétaire les trompe. Il vaudrait mieux employer une redevance fixe et la rendre très-légère, *surtout pour les exploitations de houille. On doit encourager de pareils établissements ; ils alimentent presque toutes les usines ; le charbon de terre est un objet de première nécessité. Si on le fait renchérir, la hausse du prix pèsera sur l'agriculteur, dont tous les outils aratoires deviendront plus chers.* Il faut aussi comprendre dans l'évaluation les produits présumés de la mine.

« **M.** Malouet propose d'exempter de la redevance les concessions nouvelles ; il croit que ce serait un moyen d'encourager les recherches.

« **M.** Regnauld dit que l'art. 44 laisse au gouvernement la faculté d'exempter de la redevance pendant cinq ans. *On peut étendre ce délai ;* mais il faut craindre aussi, en accordant cette exemption, de donner aux mines nouvellement découvertes une prime au préjudice des exploitations déjà en vigueur.

« Napoléon met aux voix les trois questions suivantes :

« Les mines sont-elles sujettes à l'impôt?

« Cet impôt sera-t-il au plus du vingtième du produit net?

« Les mineurs pourront-ils faire un abonnement pour n'avoir pas à rendre chaque année le compte du produit de leurs mines?

« Ces trois questions sont résolues affirmativement. »

L'art. 41 du projet, qui imposait en sus et à prélever sur la redevance proportionnelle un décime par franc pour former un fonds de non valeur à la disposition du ministre de l'intérieur, en vue des dégrèvements à accorder aux concessionnaires qui éprouveraient des pertes, fut supprimé.

On adopta ensuite l'art. 44, qui autorisait le gouvernement à accorder, dans certains cas et pendant les cinq premières années de la jouissance de la mine, remise du payement de la redevance proportionnelle. (V. Locré, p. 323 et 324.)

Une septième et dernière rédaction du projet de loi fut encore présentée dans la séance du 24 février 1810. Modifiée en quelques points, d'après les observations de la commission du corps législatif, elle fut définitivement adoptée dans les termes que nous avons rapportés en commençant. (V. p. 9.)

Voici quelles furent les observations de la commission.

On remarquera que les observations sont faites dans le même esprit de protection et de faveur pour l'industrie que nous avons rencontré dans tout le cours de la discussion.

« La commission a reconnu que les mines, devenant une propriété, il était juste de les assujettir à l'impôt comme toutes les autres propriétés foncières ; mais elle a pensé, comme le conseil d'État, *que cet impôt devait être extrêmement léger*, et n'avoir d'autre destination que de couvrir les dépenses de l'administration des mines ; *car si cet impôt ne devenait jamais une ressource nouvelle pour le fisc, il paralyserait et anéantirait bientôt les exploitations en activité et empêcherait les exploitations à venir.* »

3.

S'expliquant ensuite sur la base de la redevance proportionnelle, la commission déclare :

1° Que le produit brut est une base d'imposition nuisible à l'industrie ; qu'il arrive souvent que, *loin de procurer un bénéfice* à l'exploitant, le produit brut ne couvre *pas les frais de l'entreprise* ;

2° Que la manière d'assurer cet impôt entraîne avec elle de grands inconvénients. En effet, elle assujettit les exploitants à mettre en évidence tous les détails de leur exploitation, à ouvrir et communiquer leurs registres de vente et de recette aux maires et percepteurs, et à rendre publiques des opérations dont le secret est important pour le commerce. Pour l'impôt foncier, et même pour la contribution mobilière et les patentes, ces formalités inquisitoriales n'existent point. Pourquoi soumettre à de pareilles entraves l'une des classes les plus industrieuses de la société, tandis que les autres en sont exemptes ? (V. Locré, p. 357 et suiv.)

De son côté, M. le comte Girardin, dans son rapport au corps législatif, s'expliquait ainsi sur l'établissement des redevances :

« S'il est juste que les propriétaires de mines payent une redevance à titre de propriétaires, il est nécessaire, pour l'intérêt général, *qu'elle soit extrêmement modique ; car, si elle était considérable, elle paralyserait ou anéantirait bientôt les anciennes exploitations et serait un obstacle à ce qu'il puisse s'en établir de nouvelles. Il est reconnu que tout impôt qui pèse sur l'industrie est beaucoup plus nuisible qu'utile.*

« L'exploitant d'une mine n'a d'autre propriété que le fruit de son travail. Lorsque la mine est abondante il en tire, il est vrai, *un profit qui le dédommage de l'intérêt de ses avances ;*

*mais ce profit est toujours balancé par des risques au moins pro-
portionnées à l'étendue des bénéfices.*

« L'exploitation des mines *doit être encouragée ;* car leurs
productions sont incontestablement une richesse de plus pour
la nation, et une dépense de moins, puisqu'il faudrait acheter
de l'étranger de quoi subvenir aux besoins de la société et des
manufactures.

« Nous sommes encore tributaires de l'étranger pour un
quart environ du fer qui se consomme en France. Cependant
les mines de fer répandues presque sur toute la surface de la
France sont abondantes et inépuisables.

« Il faut donc diriger l'industrie et les capitaux vers la fabrication du fer, et, pour y parvenir, *il faut favoriser l'exploitation du charbon de terre.* Il faut lui procurer de l'écoulement
dans l'intérieur, afin d'économiser le bois et le réserver pour
l'usage des fourneaux et forges.

« *La loi favorise cette exploitation* en garantissant qu'elle ne
sera jamais assujettie aux contributions ordinaires, et que les
taxes levées seulement pour couvrir les dépenses de l'administration *seront si peu considérables qu'elles ne détourneront personne de continuer ou d'entreprendre l'extraction de la houille.*

« Quant à l'écoulement de ce combustible, il est facilité par
l'entretien des routes anciennes ou la confection de routes nouvelles, par l'amélioration de toutes les navigations intérieures
et l'ouverture de nouveaux canaux.

« La circulation ou le transport au loin des charbons de terre
procure bien d'autres avantages non moins précieux. C'est à
l'usage général de ce combustible que la Belgique doit principa-
lement l'état florissant de son agriculture. La cendre du charbon est un engrais pour les prairies naturelles et artificielles

qui nourrissent un grand nombre de bestiaux, et les bestiaux à leur tour améliorent les terres et multiplient les engrais.

« En favorisant la consommation de la houille, on ménage le bois.

« Une autre considération d'un grand poids exige *encore que la taxe des charbons soit légère*, afin que les étrangers ne trouvent aucun avantage à nous les fournir, et que nous puissions soutenir la concurrence au dehors.

« La somme fixée chaque année par le budget sera répartie entre les départements où il y a des mines en exploitation. Elle sera imposée et perçue comme la contribution foncière, sans pouvoir néanmoins lui être assimilée, ou *par la quotité*, ou par l'emploi de ses produits.

« Le temps seul pourra établir l'égalité proportionnelle d'une manière équitable; mais comme dans les premières années les dépenses de l'administration des mines seront sans doute fort modérées, les contribuables n'en souffriront pas sensiblement.

« La loi permet les abonnements, mais sans préjudicier à l'égalité proportionnelle que le gouvernement conservera toujours comme le moyen le plus sûr de prévenir les surtaxes et les réclamations.

« Les perquisitions et les recherches dans les registres des exploitants ne peuvent avoir lieu, et s'ils sont quelquefois dans le cas de les produire au conseil de préfecture pour établir leurs réclamations, cela sera volontairement de leur part, et n'aura lieu que rarement. Cette présentation de registres offre dans cette circonstance peu d'inconvénients, tandis qu'il y en aurait de très-graves pour le commerce, s'il avait fallu les laisser parcourir *par tous les agents des contributions publiques*. Votre commission ne s'est pas dissimulé la difficulté qu'il y aura pour les réclamants de faire constater le produit net de l'exploitation ; mais elle a considéré qu'il valait mieux encore admettre cette mesure que de n'en établir aucune ; il ne faut pas perdre de vue que c'est dans un conseil déjà instruit par la notoriété *des pertes ou des bénéfices* des exploitations que les réclamations seront discutées et jugées. Un corps permanent, *formé d'éléments paternels*, se procurera, par des voies indirectes, mais sûres, les connaissances nécessaires pour asseoir des jugements équitables. » (V. Locré, *Comm.* XXX, n° 22, p. 416 et suiv.)

L'esprit général de la loi est donc bien celui que nous indiquions en commençant : Précaution et modération très-grande dans la perception des redevances, faveur et encouragement pour les exploitants.

Il y a loin de là, comme on le voit, à l'excessive rigueur de l'administration, dont les efforts tendent à aggraver sans relâche le poids si lourd de l'impôt proportionnel sur le produit des mines.

§ III.

De l'exercice de la surveillance sur les Mines par l'administration.

Nous allons maintenant rechercher dans les discussions qui ont eu lieu au conseil d'État relativement au droit de surveillance sur les mines qui appartient à l'administration, aux termes des articles 47, 48, 49 et 50 de la loi de 1810, ce qu'il faut entendre par ce droit, et nous verrons ensuite s'il est réellement exercé aujourd'hui dans les limites que le législateur a entendu tracer.

Après le premier renvoi à la section du projet primitif, qui fut ordonné par Napoléon dans la séance du 22 mars 1806, le comte Fourcroy, en présentant au conseil d'État la seconde rédaction du projet, s'exprimait ainsi dans son rapport relativement au titre V (V. Locré, *Comm.* III, p. 30) :

« Le titre V du projet détermine l'action de l'administration publique sur les mines. On y traite successivement dans trois sections :

« 1° Des moyens de surveillance de l'administration, de la visite permise aux ingénieurs et aux agents de l'administration, des procès-verbaux qu'ils pourront rédiger sur les contraventions ou améliorations;

« 2° De la vacance d'une mine par l'abandon volontaire du concessionnaire, de ce que celui-ci doit faire dans le cas d'abandon, de la manière de le constater *et de l'accepter*, des objets et travaux à conserver, de leur évaluation et de leur remboursement;

« 3° De la vacance par *cessation d'exploitation*, du sequestre administratif et de la régie pendant ce sequestre; enfin, de ce qui sera fait dans le cas de cette vacance.

« On a eu pour but dans ces deux sections de ménager tout à la fois *l'intérêt des concessionnaires*, la conservation de leur propriété et l'intérêt de l'État, qui doit toujours tendre à l'exploitation la mieux entendue et la plus fructueuse. »

Comme conséquence des dispositions qui viennent d'être indiquées, le projet contenait un titre spécial destiné à régler la manière dont la déchéance et l'expropriation forcée des mines aurait lieu.

Voici quels étaient les termes du rapport sur ce titre :

« TITRE VI. La déchéance et l'expropriation forcée des concessionnaires des mines font le sujet du titre VI. C'est une suite naturelle et nécessaire des titres précédents.

« La déchéance aura lieu, soit après un an de vacance déclarée sans que le concessionnaire ou ses ayants cause aient obtenu la main-levée du sequestre, soit que les travaux prescrits par l'acte de concession n'aient point été exécutés dans la forme et dans le temps voulu par cet acte. Elle sera déclarée, comme l'acte de concession, par un décret pris en conseil d'État, sur le rapport du ministre de l'intérieur. Après la déchéance, la mine sera remise ou à de nouveaux concessionnaires par soumission, ou au gouvernement, et les anciens concessionnaires seront indemnisés par expertise.

« L'expropriation forcée pourra être poursuivie près des tribunaux par les créanciers des concessionnaires, ainsi que la licitation entre les cohéritiers ou associés. Ici la propriété des mines est déclarée indivise, et ne pourra être adjugée par lots séparés qu'avec les formes des concessions et le consentement du gouvernement. » (V. Locré, *eod loc.*)

Ces deux titres V et VI du projet furent soumis à la discussion dans la séance du 8 avril 1809, tenue aux Tuileries sous la présidence de Napoléon.

La section 1re du titre V du projet, section qui correspond au titre V de la loi, était ainsi conçue (V. Locré, *Comm.* V, n° 36, p. 69) :

« ART. 44. Les ingénieurs et les agents des mines sont chargés de surveiller l'exécution des lois, règlements, et des conditions de la concession. Ils pourront, à cet effet, s'introduire dans les mines, et faire intérieurement et extérieurement telles visites qu'ils jugeront convenables, dresser leurs procès-verbaux sur les contraventions qu'ils auront découvertes, et faire leur rapport *sur les améliorations à appliquer.*

« ART. 45. Leurs procès-verbaux *feront foi jusqu'à inscription de faux,* lorsqu'ils constateront des extractions illicites, des contraventions aux conditions de la concession ou aux lois générales de police.

« ART. 46. Ces procès-verbaux, en tant qu'ils touchent à l'administration, seront déposés au secrétariat général de la préfecture.

« Art. 47. Les formes des travaux fixées par le décret de concession pourront, suivant les circonstances et la nécessité constatée, *être modifiées*, soit du consentement du concessionnaire, *soit contre son consentement*, mais lui dûment appelé. *Nul changement ne pourra avoir lieu qu'en vertu de l'arrêté du ministre*, sauf recours au conseil d'État. »

La discussion s'étant établie sur ces articles,

« M. l'archichancelier dit que les articles de cette section mettent *beaucoup trop les entrepreneurs à la discrétion de l'administration. Il serait possible que ses agents s'opposassent à des travaux justes et utiles.*

« Napoléon dit qu'on ne peut pas attribuer à l'administration le pouvoir excessif de forcer les concessionnaires à faire des améliorations ; que la *surveillance des ingénieurs ne doit avoir pour objet que de prévenir ou de faire cesser les contraventions aux lois et au titre.* » (V. Locré, *Comm.* V, n° 36.)

En conséquence les articles sont renvoyés à la section.

La discussion continue ensuite sur les sections 2ᵉ et 3ᵉ du titre V et sur le titre VI (art. 48 à 65 du projet). Nous ne voulons pas transcrire ici ces articles, dont nous avons donné plus haut un résumé, et qui tous ont été retranchés de la loi, comme nous le verrons plus tard, *parce qu'ils laissent trop les entrepreneurs à la discrétion de l'administration, et parce qu'ils impliqueraient contradiction avec le principe que les mines sont des propriétés réelles et de la même nature que toutes les autres.* (V. la note de Locré, p. 71.)

Disons seulement que l'art. 57 (sect. 3 et 5) qui était ainsi conçu :

« La vacance de la mine *pourra être déclarée par le ministre dans le cas où il y aurait cessation de travaux par le fait du con-*

cessionnaire, soit par sa négligence, soit parce qu'il n'aura pas fait des fouilles suffisantes pour continuer les travaux. Le concessionnaire contre lequel le ministre aura prononcé pourra recourir au conseil d'État,

Donna lieu aux observations suivantes (V. Locré, *Comm.* V, n° 40) :

« Napoléon dit que la concession d'une mine, *constituant une propriété*, il faut que le concessionnaire *ne puisse être dépossédé que par les tribunaux et non par un simple arrêté du ministre, qui pourrait être surpris.*

« Le sequestre même doit être judiciaire, si cela est possible. Les tribunaux ont des formes qui sont la garantie de la propriété, parce qu'elles préviennent les surprises et l'arbitraire.

« M. l'archichancelier dit que l'action de l'administration ne doit commencer qu'après que les tribunaux ont jugé le fait.

« M. le comte Regnauld de Saint-Jean-d'Angély dit que le sequestre judiciaire serait trop long et trop dur.

« Napoléon demande d'après quelles preuves l'administration prononcera.

« Le ministre de l'intérieur dit que ce sera d'après les procès-verbaux.

« Napoléon dit qu'un ministre négligent, *ou même un préfet, adoptera sans examen les procès-verbaux d'un ingénieur passionné ou haineux.*

« M. le comte Defermon dit que le sequestre administratif aurait l'inconvénient de mettre la propriété tout entière dans la main de l'administration ; mais qu'il faut que, sur les procès-verbaux qui constatent la cessation, l'administration puisse pourvoir à ce que l'exploitation soit continuée.

« Napoléon pense que, *même sous ce rapport*, il n'y a pas de motif *pour distinguer les mines des autres propriétés*. On ne fait pas de différence pour les manufactures et les exploitations dont l'interruption peut aussi causer la ruine. »

Dans la séance du 1er juillet 1809, les titres V et VI du projet de loi furent de nouveau soumis à la discussion.

La rédaction de l'art. 1er du titre V avait été modifiée dans le sens indiqué par Napoléon dans la séance du 8 avril, c'est-à-dire que la mission des ingénieurs devait se borner désormais « *à constater les contraventions aux clauses de l'acte de concession aux lois et aux règlements généraux*. »

M. l'archichancelier fit en outre observer « *qu'on exposait les concessionnaires à des vexations*, si l'on permettait aux ingénieurs de s'introduire dans les mines en leur absence pour y constater des contraventions, et qu'il faudrait que le concessionnaire fût toujours appelé.

« M. Regnauld de Saint-Jean-d'Angély dit que l'ingénieur, qui est dans le cours de sa visite, doit avoir le droit de vérifier l'état des travaux, même en l'absence du concessionnaire ; mais qu'il convient que, s'il s'agissait de constater quelques contraventions, le concessionnaire fût présent ou dûment appelé. » (V. Locré, *Comm.* IX, n° 4.)

Et l'article fut adopté avec cette distinction.

La discussion continua sur les deux articles suivants, qui étaient les mêmes que les articles 45 et 46 de la seconde rédaction que nous avons donnée plus haut, page 42.

Il s'agissait de la foi qui était due aux procès-verbaux des ingénieurs.

« M. l'archichancelier dit que, dans les mémoires qui lui ont été remis, on demande :

« 1° Que le procès-verbal de l'ingénieur des mines soit soumis au visa du juge de paix ;

« 2° Que dans les vingt-quatre heures il en soit remis copie au concessionnaire ;

« 3° Que le concessionnaire ait la faculté de provoquer une vérification nouvelle.

« M. Regnauld de Saint-Jean-d'Angély pense que les deux premières demandes ne peuvent souffrir de difficulté ; mais qu'il est impossible d'admettre que l'on procédera à une vérification nouvelle devant le juge de paix.

« M. l'archichancelier dit que l'intention du chef du gouvernement est que tout le contentieux des mines soit renvoyé aux tribunaux : que si le procès-verbal de l'ingénieur doit faire foi devant eux, il est nécessaire qu'il puisse être réformé dans le délai le plus rapproché, c'est-à-dire dans un temps où il est encore possible d'en reconnaître l'exactitude.

« M. Regnauld de Saint-Jean-d'Angély fait observer qu'il est des faits fugitifs dont la vérification n'est possible qu'au moment même où ils ont lieu. Il en est ainsi, par exemple, lorsque des particuliers sont surpris au moment où ils se permettent des extractions illicites, contraires au droit exclusif dont l'acte de concession investit le concessionnaire.

« Il n'y a qu'à l'égard des contraventions générales qu'on peut admettre qu'il sera dressé un procès-verbal nouveau ; mais il ne faut pas en charger le juge de paix. Un homme du pays ne voudra pas se commettre avec ceux au milieu desquels il habite.

« On ne doit donc confier la vérification qu'à des experts ou à des ingénieurs nommés par le tribunal.

« La section convient *que les ingénieurs des mines ne se sont pas toujours conduits avec impartialité.* Elle a cherché dans toutes les occasions à rectifier leurs écarts, et le meilleur moyen qu'elle a trouvé a été de faire opérer une vérification nouvelle par des ingénieurs nouveaux. Toujours le chef du gouvernement a sanctionné la proposition qu'elle lui en a faite. » (Locré, *Comm.* IX, n° 5.)

Dans la même discussion, M. l'archichancelier dit « que s'agissant d'établir une législation nouvelle, *on ne saurait agir avec trop de précautions.*

« On voudrait appliquer aux mines les formes usitées pour les droits réunis et pour quelques autres perceptions des revenus de l'État.

« On ne prend pas garde à l'énorme différence qui existe entre ces perceptions et celles qu'on fait sur les mines. Si l'État ne recevait pas le produit des grandes branches du revenu public, il ne pourrait plus faire face à ses dépenses, et dès lors aucune précaution ne doit être négligée pour faire rentrer ce produit, en dût-il résulter quelques inconvénients particuliers. Mais le produit des mines n'est pas de la même importance, et quand l'État ferait *à cet égard quelques pertes,* il ne perdrait pas les ressources qui fournissent à ses besoins. » (Locré, *eod. loc.*)

Enfin le conseil adopte le principe que les ingénieurs des mines pourront constater par des procès-verbaux les délits et les contraventions, mais que ces actes ne feront pas foi jusqu'à inscription de faux.

En conséquence les articles 51, 52, 53 de la troisième rédaction (correspondant aux articles 44, 45 et 46 de la seconde, rapportés plus haut, p. 42) sont renvoyés à la section, pour être rédigés conformément à ce principe. (V. Locré, *Comm.* IX, n° 6.)

Quant à l'article 47 de la seconde rédaction, relatif aux changements ou modifications que l'on peut apporter dans les travaux de l'exploitation (V. cet article, p. 43), il avait été supprimé dans le troisième projet, par suite de l'observation faite par Napoléon (V. plus haut, p. 43), *qui voulait soustraire autant que possible les entrepreneurs à l'action de l'administration.* La discussion sur la troisième rédaction des sections IIe et IIIe du titre V, et sur le titre VI, art. 54 à 71, n'offre rien d'intéressant. Tous ces articles, comme nous l'avons déjà dit, ont été supprimés plus tard.

A mesure que l'on avançait dans la discussion, la loi prenait de plus en plus un caractère libéral et entièrement favorable au libre développement des exploitations.

Napoléon et le plus grand nombre des orateurs cherchaient, dans toutes les circonstances, à restreindre l'action de l'administration.

C'est ainsi que toujours dans cette discussion de la troisième rédaction du projet, M. Defermon fit rejeter le droit annuel que l'on voulait imposer comme moyen de faire face aux dépenses de l'administration, à ceux qui auraient obtenu des permissions pour l'établissement des fourneaux, forges et usines.

L'article 93 du projet (correspondant à l'article 75 de la loi) portait :

« Les impétrants des permissions pour les usines supporteront une taxe une fois payée, et un droit annuel. »

M. le comte Regnauld de Saint-Jean-d'Angély défendait l'existence de ce droit annuel en disant : « qu'il était nécessaire pour les dépenses de l'administration. »

M. le comte Defermon répliquait qu'il n'y avait *pas un si grand intérêt à soutenir l'état-major de l'administration.* Beaucoup de ceux qui exploitent *ont plus d'habitude et d'expérience que les ingénieurs*. Ils ne voudraient pas découvrir leurs procédés à ces derniers, et ils seraient exposés à des pertes s'ils étaient dirigés par ces *théoriciens*. En un mot le concessionnaire est un propriétaire qu'on peut bien empêcher d'user de sa chose contre l'ordre, *mais qu'on ne doit pas diriger*.

« M. le comte Regnauld insistait, disant que les ingénieurs ne s'immisceraient pas dans l'exploitation, mais qu'ils avaient à vérifier si le concessionnaire n'extrayait pas au delà de la quotité prescrite, s'il fournissait les usines, s'il ne commettait pas de contravention; et que pour faire face à ces dépenses on n'exigeait des entrepreneurs qu'un droit très-peu considérable. »

Néanmoins le conseil retranche la redevance annuelle. (V. art. 75 de la loi, et Locré, *Comm.* XI, p. 163).

C'est ainsi encore que dans la discussion du titre XI des expertises (art. 103 du projet, 3ᵉ rédaction, correspondant à l'art. 89 de la loi) on écarte la disposition finale de l'article qui portait :

« Pourront les ingénieurs, pour éclairer leurs avis, se transporter sur les lieux, lever les plans et faire toute autre opération nécessaire, soit en présence des parties et des experts, soit en leur absence, lesdites parties dûment appelées.

« M. le comte de Cessac dit qu'il n'y avait pas nécessité que, dans des affaires d'intérêt privé, les ingénieurs se transportassent et levassent des plans. Ce serait engager les parties dans des frais aussi considérables qu'inutiles.

« M. Regnauld de Saint-Jean-d'Angély répondit qu'il ne s'agissait que de plan de vérification, le plan primitif étant déjà levé et déposé aux archives.

« M. de Cessac répliqua que les ingénieurs des mines *trou-*

veraient toujours moyen de lever un plan; qu'il fallait user à leur égard des mêmes précautions qu'à l'égard des ingénieurs des ponts et chaussées.

« M. Regnauld dit qu'on préparait un projet de règlement pour organiser les ingénieurs des mines ; que ce règlement fixerait leurs droits, et que l'on enverrait la taxation aux préfets.

«M. le comte Molé dit que cette précaution *ne suffisait pas ;* qu'il fallait encore pourvoir *à ce que les ingénieurs ne levassent pas de plans hors du cas de nécessité.*

« M. l'archichancelier proposa de ne leur permettre d'en lever qu'avec l'autorisation du tribunal.

« Il ajouta que le titre entier devait être refondu, et que puisqu'on voulait rentrer dans le droit commun, il suffisait de ne conserver que l'art. 104 et la disposition qui établissait la vérification d'office. »

Ces propositions furent adoptées. (V. Locré, *Comm.* XII, n° 7.)

Lors de la présentation de la cinquième rédaction du projet de loi, une discussion complète et approfondie s'engagea au sujet du droit de surveillance qu'il convenait de réserver à l'administration sur l'exploitation des mines.

Un mémoire contenant des observations sur le projet de loi avait été présenté par les exploitants des mines dans le département de Jemmapes.

On lisait, entre autres observations, dans ce mémoire :

« La surveillance des mines appartient sans doute au gouvernement qui doit l'exercer par une administration centrale et par des ingénieurs; mais le projet leur attribue *une direction dans l'exploitation des mines,* et c'est plus que ne demandent l'autorité et le bien de la chose même. *La direction des travaux doit être laissée à ceux qui en font les dépenses,* et la surveillance que la loi doit réserver au gouvernement doit avoir pour *but unique de protéger les entrepreneurs, de les éclairer, de les porter à une économie sage et prévoyante pour l'a-venir.* » (V. Locré, p. 256.)

Le conseil général des mines présenta de son côté des observations pour soutenir l'utilité de l'action des ingénieurs.

« Sans doute, est-il dit dans le mémoire présenté à cet effet, *la direction des travaux appartient à celui qui fait les dépenses;* mais il doit être tenu d'exécuter les travaux auxquels il a été soumis par son contrat avec le gouvernement. *Voilà l'objet de la surveillance,* et, en outre, de le faire protéger et encourager par le gouvernement lorsqu'il mérite cet appui. » (V. Locré, p. 270.)

Ces différentes observations furent discutées dans la séance du 18 janvier 1810.

« Napoléon dit qu'il faut décider si l'ingénieur doit être uniquement occupé *de l'objet d'art* ou de surveiller *l'exploita-tion comme agent du gouvernement,* dans l'intérêt public, et pour arrêter les travaux d'exploitation ou les surveiller. Napo-léon *craint toujours les tracasseries que ces agents peuvent faire aux propriétaires.* » (V. Locré, p. 277.)

Ces explications furent renvoyées à la section, et dans la séance du 3 février 1810, la discussion continua sur la cin-quième rédaction du projet.

M. le comte Regnauld de Saint-Jean-d'Angély présenta d'a-bord un rapport sur la législation des mines en Europe.

Ce rapport fut discuté (V. Locré, p. 290), et Napoléon de-manda « si en Angleterre les ingénieurs intervenaient dans l'exploitation des mines.

4.

« M. Regnauld répondit *qu'en Angleterre il n'y avait pas d'ingénieurs.*

« Napoléon dit que puisque les mines d'Angleterre prospéraient, cet exemple prouvait *que les ingénieurs n'étaient utiles que comme gens de l'art, et qu'on ne pouvait dès lors les faire intervenir dans l'administration : cela effrayerait les propriétaires.*

« M. Regnauld dit qu'il ne s'agissait de les employer que *sous le rapport de l'art.*

« Napoléon dit qu'alors il n'y avait plus d'inconvénient ; mais qu'il s'opposerait à ce qu'on donnât aux ingénieurs des fonctions d'inspecteur.

« M. Regnauld dit que cette partie du système était consignée dans le titre V du projet. » (V. Locré, p. 292.)

Ce titre V et le VIe, dont nous nous occupons, furent ensuite soumis à la discussion, et donnèrent lieu aux observations suivantes :

On s'occupa d'abord de l'article 1er du titre V, qui correspondait à l'article 44 de la deuxième rédaction; et qui avait été modifié comme nous l'avons indiqué lors de la troisième rédaction.

« M. Defermon fait observer que cet article suppose qu'il existera des lois et règlements généraux sur l'exploitation des mines, et que les ingénieurs seront chargés d'en surveiller l'exécution.

« M. Regnauld de Saint-Jean-d'Angély dit qu'il faut bien qu'il y ait des règlements et une surveillance, afin que les mines ne dépérissent pas.

« Napoléon dit *qu'il n'en faut point.* Sur l'exploitation des mines, on doit s'en rapporter à l'intérêt personnel, comme on le fait pour l'exploitation d'un champ.

« M. Regnauld Saint-Jean-d'Angély dit qu'il y a cela de particulier dans l'exploitation des mines, que les exploitants sont obligés de passer sous la propriété d'autrui; que dès lors il devient nécessaire de leur imposer des conditions et de veiller à ce que ces conditions soient accomplies.

« Napoléon dit *que les légers inconvénients que la section prévoit doivent céder à ce grand principe constitutif de la propriété, que le propriétaire a le droit d'user et d'abuser de sa chose.*

« L'exploitation des mines est libre en Angleterre [1]; pourquoi ne le serait-elle pas en France?

« M. Regnauld dit qu'en Angleterre les mines sont des propriétés faites et dont les limites sont depuis longtemps déterminées; qu'en conséquence elles ne peuvent plus devenir l'objet de constestations. *Un jour il en sera de même en France,* mais il faut traverser l'intervalle qui nous sépare de cette époque.

« Napoléon dit que dans tous les temps il y aura des contestations.

« Au reste, Napoléon aime mieux laisser *agir l'intérêt personnel que d'établir la surveillance des ingénieurs. C'est un grand défaut dans un gouvernement que de vouloir être trop père. A force de sollicitude il ruine la liberté et la propriété.*

« M. de Ségur dit que du moment où les mines prennent le caractère de propriété, *la surveillance des ingénieurs devient inutile.* Si le propriétaire manque aux conditions qui lui ont été prescrites, les parties lésées se plaindront, et on leur rendra justice.

« Pour écarter entièrement le premier système, il faut effa-

---

[1] Voir le rapport de M. Regnauld de Saint-Jean-d'Angély sur la législation des mines en Europe. (Locré, p. 282.)

cer du projet tous les articles relatifs à la surveillance et à l'abandon.

« M. Regnauld dit qu'on ne peut tolérer l'abandon des mines.

« Napoléon dit qu'il en doit être d'une mine abandonnée comme d'un moulin qui est tombé en ruine, et que le propriétaire ne rebâtit point.

« M. Regnauld dit qu'il y a cette différence qu'on peut toujours rebâtir un moulin, au lieu qu'on ne retrouve pas toujours une mine. Il dépendrait donc du propriétaire de priver l'État d'un établissement utile.

« Napoléon dit *que l'esprit de propriété remédie à tout. La liberté laissée au propriétaire n'entraînera pas ici plus d'abus que dans l'exploitation des bois.*

« M. Defermon dit que l'obligation que l'on voudrait imposer aux propriétaires de venir demander des permissions d'exploiter fera fermer un grand nombre de mines de houille, parce que l'administration ne voudra autoriser que de grands établissements.

« M. Regnauld répond que ce qui se passe tous les jours au conseil dément cette supposition.

« Napoléon dit qu'il importe avant tout de se fixer sur la question principale.

« Si les mines sont des propriétés dont on use comme de toutes les autres, il ne faut pas de règle particulière.

« Si l'on ne peut pas leur donner pleinement ce caractère, il faut rentrer dans l'ancien système des concessions.

« M. Regnauld pense qu'il doit toujours y avoir une concession, et que cette concession doit être perpétuelle.

« Napoléon dit que personne ne prétend qu'il ne faille pas

de concession, qu'on veut seulement que la mine concédée devienne une *propriété libre* et *dont le propriétaire puisse user comme de tout autre bien.*

« M. Bérenger dit que les articles 54 et 55 du projet *paralysent inutilement l'industrie* des propriétaires. Si l'intérêt personnel est assez éclairé et assez actif, il n'a pas *besoin d'être dirigé,* ni d'être stimulé par des ingénieurs; s'il ne l'est pas, l'intervention des ingénieurs ne remédiera à rien.

« Napoléon dit qu'au surplus on peut charger les officiers des mines de rendre compte au préfet *des infractions évidentes au droit commun;* le préfet en instruirait le ministre, et le ministre en référerait au chef du gouvernement. Il ne s'agit plus *de règlements particuliers,* mais de ces règles générales qui sont établies dans l'intérêt de la société et qu'aucun propriétaire ne peut enfreindre, sous le prétexte qu'il a le droit d'abuser de sa chose. Par exemple, Napoléon ne souffrirait pas qu'un particulier frappât de stérilité vingt lieues de terre dans un pays fromenteux, pour s'en former un parc : le droit d'abuser ne vas pas jusqu'à priver le peuple de sa subsistance.

« M. l'archichancelier pense qu'il est utile de prévoir le cas d'abandon formel, mais qu'on doit écarter celui de la vacance pour la mauvaise administration.

« M. Regnauld fait observer que le projet ne parle point de ce dernier cas.

« Il ajoute que si le chef du gouvernement ne veut pas autoriser les ingénieurs à forcer *le propriétaire d'administrer* suivant le mode qui leur paraît le plus utile, la section effacera dans les premiers articles les dispositions par lesquelles elle avait établi le système contraire. »

Napoléon ordonne de passer à la discussion de la section II, *de la vacance par l'abandon de la mine.*

« Il dit qu'on n'oblige pas un propriétaire à abandonner sa ferme lorsqu'il cesse de l'exploiter. Pourquoi en serait-il autrement des mines? Du moins ne faudrait-il point porter l'affaire au conseil d'État. C'est aux tribunaux à prononcer sur ce qui touche à la propriété; mais le principe de l'abandon ne peut pas être admis dans un pays où la *propriété est libre;* et puisque les mines sont de véritables propriétés, il est impossible de faire à *leur égard des exceptions au droit commun.*

« M. l'archichancelier dit que l'abandon, quand il est volontaire, rentre dans le déguerpissement; qu'il n'est nécessaire d'exclure que la vacance pour cause de mauvaise administration.

« M. Regnauld fait observer que le projet rentre dans le système du gouvernement, puisque jamais la déchéance n'est prononcée que par les tribunaux.

« M. Defermon en convient, mais il fait remarquer que les tribunaux prononcent d'après les procès-verbaux des ingénieurs.

« M. Regnauld répond que le projet oblige les ingénieurs à dresser leurs procès-verbaux en présence des concessionnaires.

« Napoléon dit qu'il n'entend point qu'on donne aux concessionnaires des *règles d'administration;* ils administreront *comme ils le jugeront convenable.* Le procureur impérial fera réprimer les écarts qu'ils pourraient se permettre contre l'ordre public; s'ils blessent *l'intérêt des particuliers, la partie lésée les traduira devant les tribunaux.*

« On accordera aux ingénieurs le droit de visiter les mines *sous le rapport de l'art seulement;* lorsque, dans le cours de leurs visites, ils apercevront des abus scandaleux, ils en avertiront le préfet, qui en référera au ministre, et le ministre en rendra compte au chef du gouvernement. L'abus de la propriété doit être réprimé toutes les fois qu'il nuit à la société; c'est ainsi qu'on empêche de scier les blés verts, d'arracher les vignes renommées. Qu'il en soit de même des mines, et que, comme à l'égard des autres propriétés, on ne *réprime les abus que par voie d'exception, et non pas par application du droit commun.* En un mot, Napoléon consent à ce que le conseil des mines adresse des mémoires au préfet, au concessionnaire, que même on fasse venir ce dernier pour s'expliquer et pour lui donner des avertissements. Mais, *hors les cas extraordinaires* dont il vient d'être parlé, *son intention est qu'on le laisse faire comme il voudra,* et qu'on ne l'oblige pas à sacrifier aux théories des ingénieurs les bénéfices que son industrie peut lui procurer.

« M. Bérenger dit qu'en effet il y a une bien grande différence entre donner aux agents des mines *une action perpétuelle* sur les propriétaires, ou leur permettre de dénoncer les abus qu'ils aperçoivent pour en laisser le jugement aux tribunaux, qui ensuite s'éclairent par les vérifications et les visites qu'ils ordonnent.

« M. Regnauld fait observer qu'alors même les visites et les vérifications seront nécessairement faites par les agents des mines.

« Napoléon dit que le tribunal les fera faire par qui il voudra, par un ancien ouvrier, par un ancien exploitant, enfin par l'homme auquel il croira devoir accorder sa confiance.

« Qu'on exprime bien enfin que les agents des mines ne peuvent intervenir *que sous le rapport de l'art,* et point du tout sous celui de l'administration; il serait absurde de souffrir que *de petits ingénieurs qui n'ont rien que la théorie, vinssent maîtriser des gens expérimentés qui exploitent leur propre chose.*

« *A force de multiplier les entraves on fait marcher la France à grands pas vers la tyrannie*, depuis que l'on a vu un préfet empêcher de bâtir une maison, parce que le propriétaire refusait de se conformer au plan adopté par ce préfet. La sûreté publique n'était là pour rien ; il ne s'agissait que des règles de l'art.

« M. Regnauld fait observer que si l'on permet au concessionnaire de laisser perdre sa mine, on ne pourra plus ensuite la relever en la faisant exploiter par un autre.

« Napoléon dit que le concessionnaire ne doit être dépouillé de sa propriété que lorsque lui-même consent à la céder ; il n'y a pas de différence à faire sous ce rapport entre une mine et une ferme.

« Ce n'est pas cependant que Napoléon se refuse à ce qu'on assujettisse le concessionnaire à des conditions, il veut seulement que le non accomplissement de ces conditions n'entraîne pas la déchéance. L'autorité des tribunaux condamnera le concessionnaire à les exécuter, comme cela se pratique à l'égard de tous les contrats. »

Après ces observations, la discussion fut ajournée, et Napoléon renvoya le projet à la section en la chargeant de présenter une nouvelle rédaction. (V. Locré, *Comm.* XXIV, nᵒˢ 16, 17, 18, 19, 20, 21 et 22.)

Cette sixième rédaction, présentée dans la séance du 13 février 1810, ne fut point encore trouvée satisfaisante ; on en présenta en conséquence une septième dans la séance du 25 suivant, et cette dernière, modifiée à son tour en quelques points, d'après les observations de la commission du corps législatif, fut enfin adoptée et forme aujourd'hui le texte de la loi.

On supprima les sections IIe et IIIe du titre V, qui traitaient de la vacance par l'abandon de la mine et par la cessation de l'exploitation. On supprima le titre VI, intitulé : *De la déchéance et de l'expropriation forcée ;* quant à la section Ire du titre V, destinée à régler l'exercice de la surveillance sur les mines par l'administration, et qui contenait les seules dispositions restrictives que le législateur a cru pouvoir conserver à l'égard de la libre exploitation des mines, elle a passé dans la loi en ces termes :

ARTICLE 47 DE LA LOI DE 1810.

« Les ingénieurs des mines exerceront, sous les ordres du ministre de l'intérieur et des préfets, une surveillance de police pour la conservation des édifices et la sûreté du sol.

ART. 48.

« Ils observeront la manière dont l'exploitation sera faite, soit pour éclairer les propriétaires sur ses inconvénients ou son amélioration, soit pour avertir l'administration des vices, abus ou dangers qui s'y trouveraient.

ART. 49.

« Si l'exploitation est restreinte ou suspendue, de manière à inquiéter la sûreté publique ou les besoins des consommateurs, les préfets, après avoir entendu les propriétaires, en rendront compte au ministre de l'intérieur, pour y être pourvu ainsi qu'il appartiendra.

Art. 50.

« Si l'exploitation compromet la sûreté publique, la conservation des puits, la solidité des travaux, la sûreté des ouvriers mineurs ou des habitations de la surface, il y sera pourvu par le préfet, ainsi qu'il est pratiqué en matière de grande voirie et selon les lois. »

L'action de l'administration a donc été, comme on le voit, successivement ramenée dans les plus étroites limites.

M. Regnauld de Saint-Jean-d'Angély disait lui-même dans son exposé des motifs, en présentant la loi au corps législatif, le 13 avril 1810 (V. Locré, *Comm.* XXIX, n° 20) :

« L'action de l'administration sur les mines *est réduite aux plus simples termes. Elle est enfermée dans le strict besoin de la société.* »

De son côté, M. Girardin disait, dans le rapport qu'il avait été chargé de présenter sur le projet de loi :

« Le gouvernement, qui connaît et apprécie la toute-puissance de l'intérêt particulier, s'en rapporte *presque exclusivement* à lui *pour l'exploitation des mines.*

« L'action de l'administration des mines *se bornera pour ainsi dire à offrir les résultats de l'expérience et les conseils de la sagesse.*

« La loi soumise à votre sanction, ajoutait encore M. Girardin, est donc la meilleure de celles qu'on a publiées jusqu'à présent sur les mines. *Elle est libérale* dans son ensemble, *généreuse* dans son application et *juste* dans toutes ses parties. »

La pensée constante qui a inspiré cette loi a donc été une pensée d'émancipation et d'affranchissement pour l'industrie, en même temps qu'une pensée de crainte et de défiance à l'égard de l'action administrative.

Réserver aux concessionnaires la plus grande liberté ; n'autoriser l'intervention de l'administration que pour les cas exceptionnels et spéciaux où l'exploitation vient à créer un danger public : voilà en résumé ce qu'a voulu la loi.

Or, cette volonté a été évidemment méconnue par l'administration qui, loin de réserver son intervention pour les cas particuliers où l'exploitation viendrait à offrir quelque danger déterminé (art. 50 de la loi), n'a pas craint d'usurper en quelque sorte les fonctions législatives, et d'imposer sans nécessité des conditions et des règles qui entravent l'exploitation des mines jusque dans ses plus petits détails, et la rendent impossible ou désastreuse pour les concessionnaires, auxquels toute liberté d'action est enlevée dans l'exercice de leur industrie.

TABLE DES MATIÈRES.

Pages.